My First Albanian
1 to 100 Numbers

Book with English Translations

Published By: AuthorUnlock.com

0

zero

Zero

1

një

One

2

dy

Two

3

tre

Three

4

katër

Four

5

pesë

Five

6

gjashtë

Six

7

shtatë

Seven

8

tetë

Eight

9

nëntë

Nine

10

dhjetë

Ten

11

njëmbëdhjetë

Eleven

12

dymbëdhjetë

Twelve

13

trembëdhjetë

Thirteen

14

katërmbëdhjetë

Fourteen

15

pesëmbëdhjetë

Fifteen

16

gjashtëmbëdhjetë

Sixteen

17

shtatëmbëdhjetë

Seventeen

18

tetëmbëdhjetë

Eighteen

19

nëntëmbëdhjetë

Nineteen

20

njëzet

Twenty

21

njëzet e
një

Twenty One

22

njëzet e

dy

Twenty Two

23

njëzet e

tre

Twenty Three

24

njëzet e katër

Twenty Four

25

njëzet e

pesë

Twenty Five

26

njëzet e gjashtë

Twenty Six

27

njëzet e

shtatë

Twenty Seven

28

njëzet e tetë

Twenty Eight

29

njëzet e

nëntë

Twenty Nine

30

tridhjetë

Thirty

31

tridhjetë e një

Thirty One

32

tridhjetë e dy

Thirty Two

33

tridhjetë e tre

Thirty Three

34

tridhjetë e katër

Thirty Four

35

tridhjetë e

pesë

Thirty Five

36

tridhjetë e gjashtë

Thirty Six

37

tridhjetë e shtatë

Thirty Seven

38

tridhjetë e tetë

Thirty Eight

39

tridhjetë e nëntë

Thirty Nine

40

dyzet

Forty

41

dyzet e

një

Forty One

42

dyzet e

dy

Forty Two

43

dyzet e

tre

Forty Three

44

dyzet e

katër

Forty Four

45

dyzet e

pesë

Forty Five

46

dyzet e gjashtë

Forty Six

47

dyzet e shtatë

Forty Seven

48

dyzet e tetë

Forty Eight

49

dyzet e nëntë

Forty Nine

50

pesëdhjetë

Fifty

51

pesëdhjetë e një

Fifty One

52

pesëdhjetë e dy

Fifty Two

53

pesëdhjetë e tre

Fifty Three

54

pesëdhjetë e katër

Fifty Four

55

pesëdhjetë e

pesë

Fifty Five

56

pesëdhjetë e gjashtë

Fifty Six

57

pesëdhjetë e shtatë

Fifty Seven

58

pesëdhjetë e tetë

Fifty Eight

59

pesëdhjetë e nëntë

Fifty Nine

60

gjashtëdhjetë

Sixty

61

gjashtëdhjetë e një

Sixty One

62

gjashtëdhjetë e dy

Sixty Two

63

gjashtëdhjetë e tre

Sixty Three

64

gjashtëdhjetë e katër

Sixty Four

65

gjashtëdhjetë e pesë

Sixty Five

66

gjashtëdhjetë e gjashtë

Sixty Six

67

gjashtëdhjetë e shtatë

Sixty Seven

68

gjashtëdhjetë e tetë

Sixty Eight

69

gjashtëdhjetë e nëntë

Sixty Nine

70

shtatëdhjetë

Seventy

71

shtatëdhjetë e një

Seventy One

72

shtatëdhjetë e dy

Seventy Two

73

shtatëdhjetë e tre

Seventy Three

74

shtatëdhjetë e katër

Seventy Four

75

shtatëdhjetë e pesë

Seventy Five

76

shtatëdhjetë e gjashtë

Seventy Six

77

shtatëdhjetë e shtatë

Seventy Seven

78

shtatëdhjetë e tetë

Seventy Eight

79

shtatëdhjetë e nëntë

Seventy Nine

80

tetëdhjetë

Eighty

81

tetëdhjetë e një

Eighty One

82

tetëdhjetë e dy

Eighty Two

83

tetëdhjetë e tre

Eighty Three

84

tetëdhjetë e katër

Eighty Four

85

tetëdhjetë e pesë

Eighty Five

86

tetëdhjetë e gjashtë

Eighty Six

87

tetëdhjetë e shtatë

Eighty Seven

88

tetëdhjetë e tetë

Eighty Eight

89

tetëdhjetë e nëntë

Eighty Nine

90

nëntëdhjetë

Ninety

91

nëntëdhjetë e

një

Ninety One

92

nëntëdhjetë e dy

Ninety Two

93

nëntëdhjetë e tre

Ninety Three

94

nëntëdhjetë e katër

Ninety Four

95

nëntëdhjetë e

pesë

Ninety Five

96

nëntëdhjetë e gjashtë

Ninety Six

97

nëntëdhjetë e shtatë

Ninety Seven

98

nëntëdhjetë e tetë

Ninety Eight

99

nëntëdhjetë e nëntë

Ninety Nine

100

njeqind

One Hundred

Printed in Great Britain
by Amazon